ット No. 14

歴史教育の中の絵画資料

はじめに　高木徳郎

教材としての荘園絵図　高木徳郎

鴨川の五条中島と豊臣秀吉　松井吉昭

地域の歴史学習における地籍図とＧＩＳの活用　髙橋　傑

総括討論　〔司会〕黒田　智

表紙図提供：慶應義塾普通部教諭　髙橋　傑

はじめに

現在の学校教育において、日本史や世界史という科目名を聞くと、膨大な量の人名や年号をひたすら暗記させられてきたようなイメージをもつ人も多いのではないかと思います。大学に入りたての新入生に問いかけると、高校の先生がとても熱心で、歴史上の人物のあまり知られていない一面について熱く語ってくれたりしたおかげで日本史が好きになった、という幸せな経験をもつ人が一定数いる一方で、ひたすら年号の語呂合わせや、難読人名の漢字を訳も分からずひたすら覚えたために、日本史を学ぶ意味や面白さを感じられなくなってしまった、という気の毒な体験談を聞くことも数限りなくあるのが実情です。そのような不幸な体験談を聞くにつけ、同じ教師として実にやりきれない気持ちになります。

ただ、教科書を見返してみると、そこには実にたくさんの絵画資料が載せられていることに改めて驚かされます。しかし、現状の学校現場において、それらの絵画資料は果たしてどれだけ有効に活用されているのでしょうか。絵画資料は果たして、文字で埋め尽くされた教科書の紙面を飾る挿絵以上の活用のされ方をしているでしょうか。これだけの絵画資料をもっと活用すれば、知識偏重、要するに年号をたくさん覚えたり人名をたくさん覚えたりするだけではない形で、もっと豊かな歴史学習のアプローチができるのではないでしょうか。そのように考えたのが、今回の講演会を企画したきっかけです。この本は、そのような意図で企画された講演会の記録をもとに編集されました。

はじめに、私を含む三人の講演者の紹介をさせていただきます。三人とも、日本史の中でも中世といわれる時代（およそ十二〜十六世紀）を専門に研究していますが、最初は本学教育・総合科学学術院の高木徳郎が、中世の絵画資料の中でも、とくに荘園絵図に絞って話をいたします。高木は、日本中世の荘園や村落、そこでの生産や開発、それに伴って生み出された荘園・村落の景観とその変容、さらには人と自然の関係史としての環境史と呼ばれる分野を研究していますが、今回は荘園の現地の景観を描いた荘園絵図という素材を取り上げた話をいたします。

二番目にご講演いただく松井吉昭先生は、現在は千葉県にある開智国際大学で教鞭を取っておられますけれども、長いこと東京都の都立高校で日本史の教諭として活躍されてこられました。絵画資料としては、これまで寺社の境内図や荘園絵図を取り上げて研究をしてこられましたが、今回は『洛中洛外図』と呼ばれる屏風絵に描かれた京都の五条大橋を話の入口にして、絵図に描かれた京都の中の風景と、豊臣秀吉による都市政策、さらには秀吉の人物像にまで迫るお話をしていただきます。

三番目にご講演いただく髙橋傑先生は、慶應義塾普通部というところで活躍されておられる先生です。ご専門はやはり荘園史なのですが、今回はご勤務されている学校の周辺の地誌や地域の歴史に関して、どのようにしたら生徒に興味を持たせることができるか、ＧＩＳを使った授業の実践例の紹介も兼ねてお話をしていただきたいと思います。

二〇一六年二月十五日

早稲田大学教育・総合科学学術院教授　高木徳郎

教材としての荘園絵図

早稲田大学教育・総合科学学術院教授　高木　徳郎

荘園絵図とは何か

荘園絵図とは、鎌倉時代や南北朝時代と呼ばれる中世（十二～十四世紀）の日本で、王家（天皇家）・貴族・大寺社・武士などが、自分たちの領地として領有していた荘園の現地の様相を描いた絵画作品です。絵図という言葉を聞くと、それを地図と同じようなものとイメージされる方もいらっしゃるかもしれませんが、荘園絵図は、地図とは本質的に異なります。地図というものは、目標となるものの位置関係を客観的に示し、自分のいる位置や、そこからどうやって行けば目的地にたどり着くことができるのかといったようなことが誰にでも分かるように作られています。したがって、縮尺や方位などがある程度正確でなければ意味がありません。一方で荘園絵図を制作する際には、「客観的」に制作するという意識はほぼないと言ってよく、その結果、制作者の意図や主観が多分に反映されたものとなります。そうした意味では、荘園絵図は歪みや誇張を多分に含んで制作されるのが大前提で、むしろその点にこそ、制作者の制作意図や、制作に至る経緯や背景を知るという意味において、史料としての価値があると考えられます。

ところで、学校教育の現場では、荘園絵図は教科書などにも掲載されて活用されています。荘園は、中世と呼ばれる時代の社会を最も根底のところで支えた土地制度ではありますが、現代の社会にはこれに近似する土地制度はないことから、荘園とはどのようなものなのかを理解させるための補助資料として、荘園絵図が掲載されているのだと考えられます。

その荘園絵図の具体例としては、たとえば左のようなものがよく知られています。

図1・図2・図3は荘園絵図の一例ですが、このような形で描かれているものが、現在のところ約四十作品ほど知られています。そしてこのうちの数点が、中学や高校で使用されている教科書や、副教材としての資料集・図録などに取り上げられています。

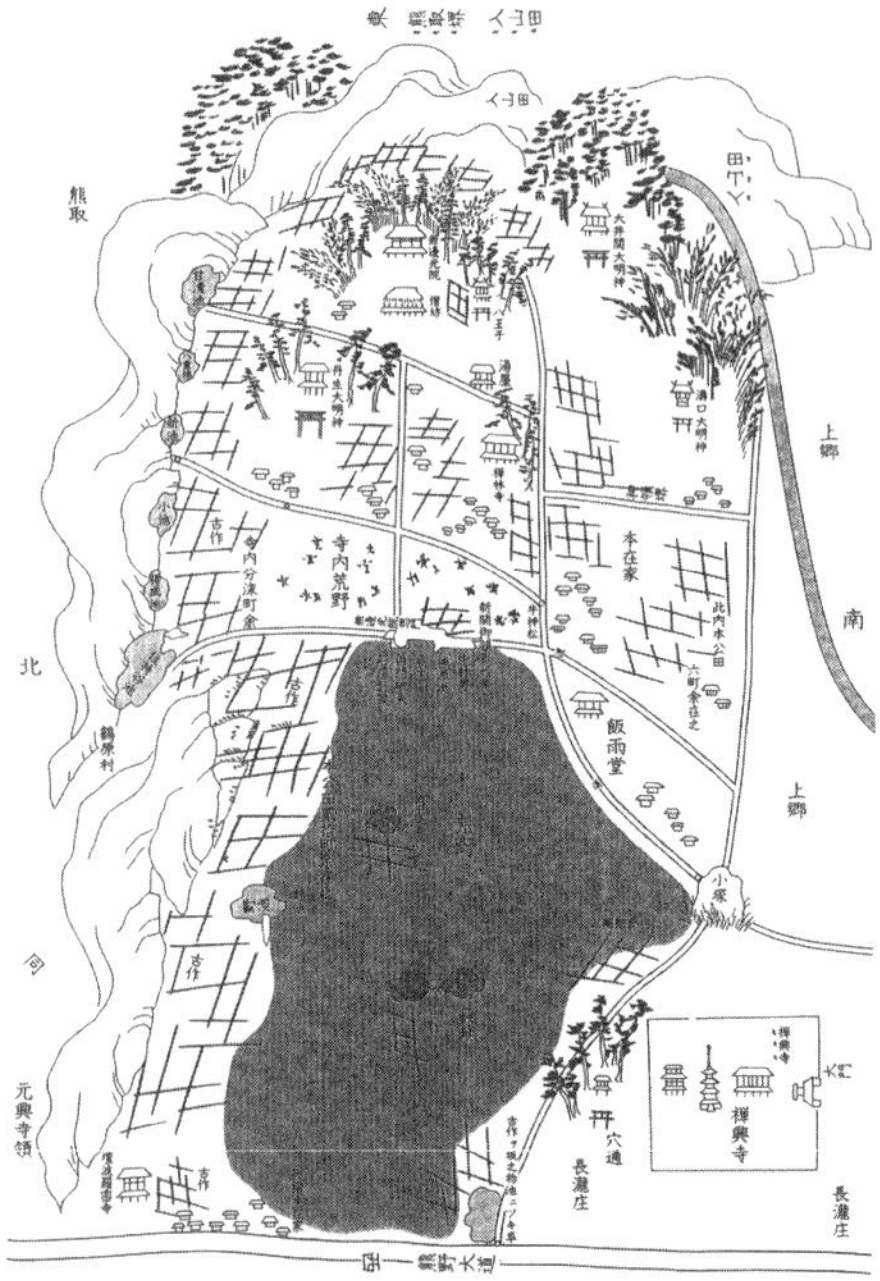

図１　和泉国日根野村絵図（トレース図）

高校教科書の中の荘園絵図

図4は紀伊国桛田荘《かせだのしょう》絵図という非常に有名な荘園絵図です。桛田荘は、和歌山県北部の伊都郡かつらぎ町に位置し、京都の神護寺という真言宗寺院がその領地としていた荘園で、これはその現地の様相を描いたものです。現行の高校日本史教科書では、ほぼ全社の教科書で取り上げ

図２　大和国西大寺・秋篠寺相論絵図（トレース図）

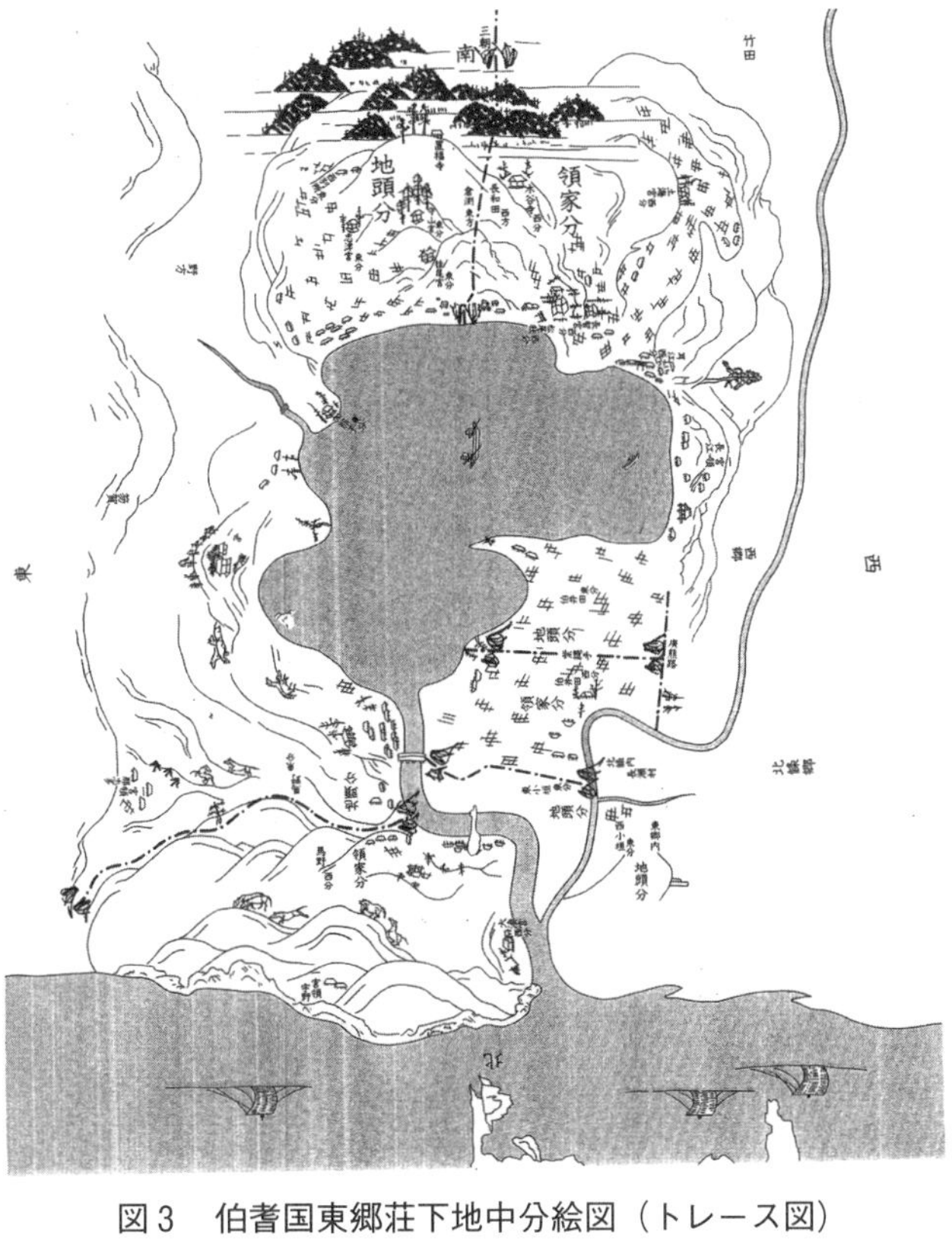

図３　伯耆国東郷荘下地中分絵図（トレース図）

図４　紀伊国桛田荘絵図（トレース図）

られており、その意味で最も著名な荘園絵図と言ってよいと思います。そしてこの桛田荘絵図には、教科書においておよそ以下のような説明が付随して記載されています。

荘園の景観（京都府　神護寺蔵）

荘園の成立にともない、その領域を明らかにするために絵図が作成される場合があった。これは、後白河法皇の寄進によって成立した神護寺領紀伊国桛田荘の絵図である。

　五つある黒い点は、この荘園の領域を示す四至牓示で、南を志富田荘、西を静川荘・名手荘と接していることがわかる。また、森・川・道・神社・集落などが描かれており、荘園絵図は、荘園の景観を知るうえで貴重な史料である。

東京書籍『日本史』

荘園の絵図　神護寺領紀伊国桛田荘の図で、荘園村落の実情をよく知ることができる。荘園の東北端に八幡宮があり、民家は山麓や紀伊川（現、紀ノ川）のへりの大道にそっている。四隅と紀伊川の南の点は荘の領域の境目（牓示）を示す。この荘園は九世紀初めに開発され、十二世紀末に神護寺に寄進された。（京都　神護寺蔵）

山川出版社『詳説日本史』

荘園の絵図　神護寺領紀伊国桛田荘（現在の和歌山県伊都郡かつらぎ町一帯）の図。この荘園は、平安末期に後白河法皇に寄進され、一一八三（寿永二）年には神護寺領となった。図中の黒点は荘の領域を示す標識で、民家は山麓や紀伊川（紀ノ川）の堤防上の大道に沿ってたっている。また、神社と寺院（本地堂）がいっしょに描かれている点も注目される。京都神護寺蔵。

実教出版『日本史新訂版』

このように、桛田荘絵図に付された教科書の説明には、ほぼ共通して、絵図中の四隅および他の一ヵ所の合計五ヵ所に、黒点のような、黒い丸形の記号が記されていることが述べられています。これは、牓示《ぼうじ》と呼ばれる荘園の範囲（境界）を示す記号で、十二世紀頃に、日本全国で本格的に成立してきた多くの荘園には、こうした牓示が定められていたと考えられ、これがこの時代の荘園のひとつの大きな特徴と考えられています。そしてまさにこの点にこそ、数ある荘園絵図の中で桛田荘絵図が最も多くの教科書に採用されている理由があります。

そもそも荘園絵図が、どのような契機で制作されるかというと、いくつかのパターンがあることが知られており、近隣の荘園といろいろな紛争が生じた際、それを裁判で解決するために、法廷に証拠として提示するために制作された荘園絵図も多かったようです。また、荘園をある領主の領地として認可する際に、その領域の全体像を大まかに把握するために制作される場合もあったことが知られており、桛田荘絵図は、長い間、まさにこのパターンの典型と考えられてきました。牓示もそのために記されたもので、この絵図が教科書に載せられているのは、この絵図から、牓示で示された範囲の中に、集落・田地（耕地）・山林・河川・道・寺社など、当時の人々が荘園で生活するために必要なすべてのものが収まっていることを読み取ること、そしてひいては、十二世紀に本格的に成立した荘園とは、まさにそのような特徴をもったものなのだということを理解することが期待されているからだと考えられます。

荘園はなぜ難しいのか

前述したように荘園は、中世という時代において、社会を根底から支える土地制度でしたが、現代の社会に近似する土地制度がないために、中学生・高校生にこれを具体的にイメージさせ、正確に理解させるのには多くの困難が予想されます。「しょうえん」と言われて、咄嗟に頭の中で「荘園」と漢字に変換できる中学生・高校生は決して多くはないと思いますし、これを生徒たちに教える先生方でさえ、同じ荘園に複数の、階層差をもった「領主」がおり、さらにその下に地頭や荘官といった、荘園に対して一定の権益をもつ存在がさらに複数併存するという複雑なシステムで運営されている荘園を、何故そうしたシステムが出来上がっていったのかを含めて、自信をもって正確にこれを教えられる先生は実は少ないのではないかと私はみています。荘園とは何だ、ということを中学生・高校生に分かる言葉で説明すること自体がそもそも非常に難しいのです。そうした中にあって桛田荘絵図は、そうした荘園の具体的な様相がビジュアルに表現されており、難解な荘園というものに対する理解を助ける補助資料として教科書に載せられているのだと思います。

それでは、荘園はなぜ難しいのでしょうか。荘園は、教科書などでは、国家（朝廷）から領有を認可された貴族や大寺社の私有地だと説明されるのが一般的です。しかし、中世以前の律令制の時代には、原則として土地は「公地公民制」のもと国家が所有するものでした。それが中世になると、いつのまにか貴族や大寺社が私有する土地としての荘園が増えてきて、それが社会全体を支える根本的な土地制度となっていく。言ってみればその変化の具体的な移り変わり、つまりいつどのようにして変わっていくのかということが生徒には分かりにくく、先生方にも分かりにくい。結果として、荘園は教えにくいし、分かりにくいということになっているのではないかと思います。

では、分かりにくさの要因がそこにあるのだとしたら、現行の多くの教科書に掲載されている荘園絵図、とりわけ桛田荘絵図とそれに付随して記載されている補足の説明は、生徒・先生方が感じる分かりにくさに対して、適切な、あるいは効果的な「処方箋」になっているかというと、残念ながら私は、そうはなっていないのではないかと思います。

荘園絵図と牓示

改めて紀伊国桛田荘絵図とそこに付された教科書の説明をみてみましょう。前述したように、この説明では、否が応でも絵図の中の五ヵ所に記された黒点に注目せざるをえません。そこで、この黒点をよく見てみると、桛田荘から見た場合、黒点は隣の荘園との境界となっている「静川」という川の対岸に位置している上に、その位置はきわめて曖昧であることに気付きます。つまり、この絵図を見た当時の人が、この絵図を持って実際に現地に行き、この絵図を手掛かりにこれらの牓示がどこにあるのかを探し出そうとした場合、それがきわめて困難であることは容易に想像されます。なぜなら、これらの牓示の周辺には、それを探す際に手がかりとなるような目印が何もなく、牓示に関する情報がほとんどないからです。果たしてこの絵図は、本当にその牓示の位置を示すものとして実際に機能したのでしょうか。

それでは他の荘園絵図ではどうなっているでしょうか。**図5**は、同じ紀伊国にある神野《こうの》真国《まくにの》荘《しょう》という荘園の現地の様子を描いた荘園絵図です。

こちらの絵図にも合計で八ヵ所の牓示が書かれています。桛田荘絵図の牓示表現とは若干異なり、塗りつぶされた黒点ではありませんが、白抜きの円のような表現によって、荘園の領域を取り囲むようにやはり牓示が記されています。そして桛田荘絵図の牓示表現と大きく違うのは、こちらの牓示の記号の脇には、すべて細かな文字注記が書かれているという点です。この文字注記

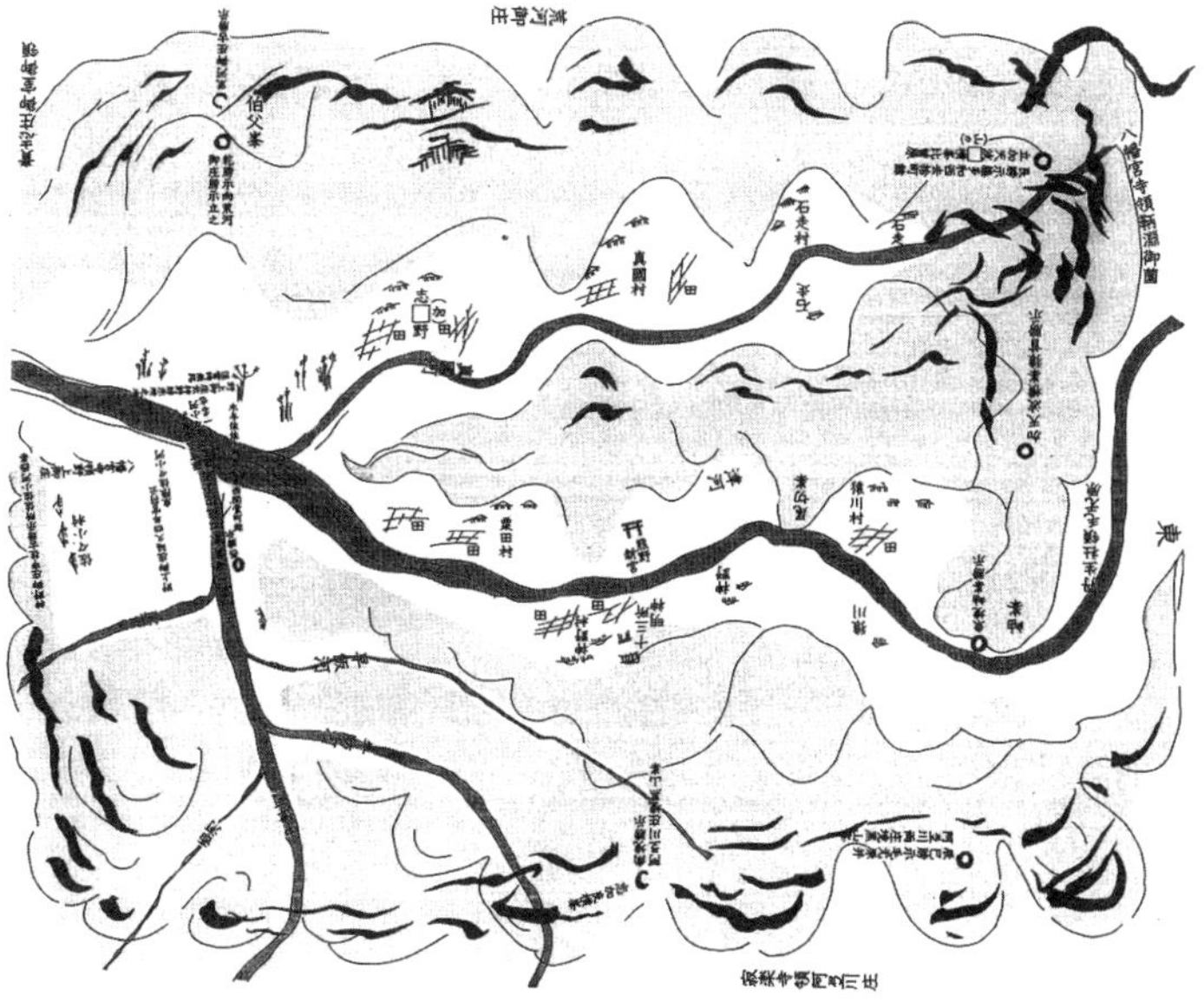

図５　紀伊国神野真国荘絵図（トレース図）

は、その牓示がどこにあるかということを示す地名情報でありまして、さらにこの絵図の裏面には、これらの牓示の位置のちょうど真裏にあたる位置のそれぞれに、牓示が現地で確かにあったことを確認したという人、現地で立ち会った役人の署名まで記されているのです。つまり、このように細かく牓示の位置情報が明記され、それをオーソライズする注記がないと、牓示は牓示として実際には機能しないのです。このことは、そもそも桛田荘絵図が牓示を示すために制作されたのではないのではないかと思わせるのに十分な要素だと考えられます。

荘園絵図のどこに注目するか

教科書の説明に誘導されて思わぬ寄り道をしましたが、前述の問題に戻りましょう。「荘園はなぜ難しいのか」という問題ですが、ここでは牓示ではなく、むしろ荘園絵図の周縁に注目した方がよいのではないかと思います。桛田荘絵図にも、桛田荘に隣接する荘園の名前がいくつも書かれていますが、関連史料が多い神野真国荘絵図の方で具体的にみていきたいと思います。

神野真国荘絵図には、神野真国荘の東西南北に隣接する周辺の荘園として、四つの荘園の名前が書かれています。つまりこの絵図そのものは神野真国荘という荘園の様相を描いたものですけれども、その周囲には、隣接する別の領主の荘園があるということが分かります。生徒たちには、この点に注意を向けさせることが重要だと思われます。

実はこの絵図が作成されたとされている時代の前後（十二世紀半ば頃）、この絵図に関わると思われる文献史料がいくつか残されています。まず資料1です。一行目のところに「注進」（報告）とあり、「神野《こうの》真国《まくに》杣山《そまやま》造下材木日記事」というふうに書いてあります。杣山《そまやま》というのは材木を伐採する伐り出し地のことを意味する言葉で、この史料は伐り出す材木の本数を記したリストだと考えられます。しかも、そこには「神野真国杣山」と記されており、「神野真国荘杣山」とは記されていないところに注目する必要があります。また、史料の末尾には「天養元年（一一四四年）十月七日」と日付があり、その下に「杣行事《そまぎょうじ》」という言葉が書いてあります。これは、その名乗りから、紀伊国という地方政庁（国衙）に所属する役人の名前と考えられます。このことから、この史料は紀伊国の地方役人が作成したもので、さらに「神野真国杣山」とは紀伊国が管轄する領域内にある杣山であるということ、そしてそこで材木を何本伐採したのかということを

注進　神野・真国杣山造下材木日記事
合
七月二日下神野山下材木
御門柱四本　　榑敷四枚
中門板敷板廿三枚　七月廿七日下檜大榑二百寸
同度樋二支　　　　八月廿三日四五榑并七十支
九月廿三日八九寸廿支　同廿六日垂木卅支
十月一日八九寸四十五支　七八寸八十支　裏板廿
枚
已上肆佰玖拾捌支
右、注進如件、
天養元年十月七日　　　　杣行事紀朝臣真国

資料1

注進　賀天婆木津曳出御材木目録事
合
戸板八十枚　正目榑七十三寸　冠木百支
三寸板五十六枚　榑十五寸　鼠走卅六支
裏板四十一枚　七八寸木十六支　保立板七枚
四五寸木七支　御宿所料借給板廿枚　榑十一支
正目木三支
右、御材木、任現在員、注進如件、
天養元年十月十二日　　御庄山守真上安時 在判
定使牛賀吉定 在判
杣行事散位紀朝臣(真国) 在判
已上四百五十一支　又借給板榑正目已上卅四支

資料2

報告したものであるということが分かります。

一方、資料2には、「賀天婆木津」という地名が記されていますが、「津」とは湊を意味する言葉で、神野真国荘絵図の中にも、神野真国荘の領域内に同じ地名があることが記されています。資料2は、その「賀天婆木津」という湊から「曳き出した」、すなわち積み出した材木の本数を記した史料と考えられ、やはり日付の下には、前述した紀伊国の地方役人の名前とともに、「御庄山守」を名乗る神野真国荘の代官らしき人物の名前が記されています。「賀天婆木津」という湊での材木の積み出しには、紀伊国（国衙）と神野真国荘の両者が、共同で関わっている様相がうかがえます。

また、資料3には、「仁和寺領毛原村の住人たちが、門柱用の材木五本を強奪してしまいました」と書いてあります。これは神野真国荘に隣接する毛原村（絵図中に「毛无原」として記載されている村）の人たちが、神野真国荘に勝手に入ってきて材木を奪っていったことが訴えられている史料です。

一院御領神野御庄住人等解、　申請　裁事、
請殊任道理、被糺給、新御願寺門柱伍本、依仁和寺御室仰、留
召子細状、
右神野内猿河村者、当御庄牓示之刻、依公験理、依在庁申状、依
前司詞、依古老議、沙汰切畢、而御室御高野間、依其仰、御室御
領無毛原住人出来、件柱五本抑留、尤無所拠事也、御庄即是一院
御領也、柱又新御願柱也、以非道犯御威、遂何益之有哉、是定非
御室御下知、住人等虚誕歟、望請、早停止無所拠之狼藉、無左右
紏返給柱五本、欲不闕彼門御材木、仍言上如件、謹以解、
久安五年五月廿八日　　　住人等上

↓

（現代語訳・大意）

私たち神野真国荘の住人たちは、仁和寺御室の仰せによって奪われた、新御願寺建設のための門柱用の材木五本を返却するよう裁決することを求めます。

神野真国荘内の猿河村の領域は、神野真国荘の領域が定まったのと同じ時にさだまりました。しかし、仁和寺御室が高野山に参詣された際、その仰せにより、仁和寺領毛原村の住人たちが、門柱用の材木五本を強奪してしまいました。これは言われのないことです。神野真国荘は鳥羽上皇の領地であり、この材木は上皇の発願によって建設される寺に使われる材木です。非道な行いで上皇の威光を犯して、何の益がありましょうや。これはきっと仁和寺の命令で行われたことではなく、住人たちが勝手にやっていることなのでしょう。そのような横暴は早くやめさせて、五本の材木を早く返して下さい。

久安五年五月二十八日　　神野真国荘の住人等

資料3

これらの史料を合わせて考えると、神野真国荘とその周辺地域では、紀伊国の役人や荘園の人々によってきわめて活発に材木などの伐採活動が進められていて、山林資源の奪い合いのような様相が起きていることが読み取れます。荘園ができ、増えていく背景には、こうした資源の確保という問題が横たわっているのだということが理解できるのではないでしょうか。絵図から直接そのようなことを読み取ることは難しいかもしれません。しかし、このようなことを前提としてふまえると、神野真国荘絵図において、絵図の周縁部分に隣接する荘園の名前をわざわざ記載

していることにも、単に周りにはこういう名前の荘園があるということを漠然と指し示しているという以上の、大きな意味があるということになるかと思います。生徒たちには、そのことに是非気づいてもらいたいものです。

古代の律令制のもとでは、原則として公地公民であり、土地は国が所有していたわけですが、そういう状況の中で、ある意味、ポツン、ポツンと少しずつ荘園が出来ていったわけですので、当然その過程では荘園と、国が管轄した国衙領との間での紛争が絶えませんでした。そういう紛争を経ながら少しずつ荘園が増えていったというその過程を説明しないと、なかなか生徒には理解が難しいのではないかと思います。

しかし残念ながら、そのことを直接に説明するのに適した荘園絵図は存在していません。ただそういう中でも、上述したように、絵図の中のどこに注目させるかによって、重要な点に気づかせるきっかけを作ることは出来ると思います。ちなみに個人的には、現行の教科書の荘園に関する文脈の中では、神野真国荘絵図は、牓示の説明という点でも、また周辺荘園や国衙との関係を語るうえでも（そのような関連史料があるという意味で）、補助資料として掲載するのに最も適した荘園絵図だと考えています。

本日の講演会のテーマは絵画資料から何を読み取るかということですが、この答えは必ずしもひとつではありません。答えがひとつではないということは、そこからいろいろなことを想像し、その想像力を膨らませられるということに繋がりますので、ぜひこうした絵画資料をそのような材料として、多様な形で活用してほしいと思います。その際、生徒に何を理解させなければいけないのか、生徒が何につまずいているのか、ということをよく理解し、きちんとそれに合致した説明をしてあげないといけません。せっかく荘園絵図が教科書に載っていても、単なる挿絵にすぎなければ載っている意味がありません。ですので、そうしたつまずきをきちんと精査して絵画資料を使うことが重要なのではないかと思います。ご清聴ありがとうございました。

なお、現在の学界で紀伊国桛田荘絵図がどのような性格をもち、どのような意図で制作されたものと理解されているかについては、拙稿「荘園絵図の制作目的とその利用」（早稲田大学教育総合研究所『早稲田教育評論』第三〇巻第一号、二〇一六年三月刊行）で整理して述べたので、参照をお願いいします。

※ 図1～図5は、『中世荘園絵図大成』（河出書房新社、一九九七年）より転載しました。

鴨川の五条中島と豊臣秀吉

開智国際大学リベラルアーツ学部教授　松井　吉昭

松井と申します。私からは「鴨川の五条中島と豊臣秀吉」という題でお話をさせていただきます。使用するのは、洛中洛外図屛風や東山名所図屛風といった絵画資料です。中世後期でいいますと、洛中洛外図屛風や一般的には風俗図屛風と呼ばれる絵画資料、例えば住吉祭礼図屛風や南蛮屛風といったものが教科書等に掲載されております。今回は洛中洛外図屛風を中心に、京都を流れる鴨川にかつて存在した「五条中島」という中州を題材に、それがどのような信仰上の特徴を有していたのか、どういう経過で失われていったのかということを探ってみたいと思います。

洛中洛外図は一二〇点ほどが現存しています（実際はもっと多いかもしれません）。そのうち、初期のものは四点です。歴博甲本と呼ばれる十六世紀初期に作られた「町田本洛中洛外図屛風」がまずひとつです。それから、東博模本と呼ばれる「東京国立博物館保管洛中洛外図屛風模本」が、現在の研究では一五四〇年代末から一五五〇年代の景観を表しているとされています。また、教科書等にもよく登場する米沢市立上杉博物館保管の有名な上杉本というものがあります。これはもともと室町幕府の将軍足利義輝が狩野永徳に注文して作らせたのですが、それを織田信長が引き継ぎ、完成したものを上杉謙信に送った、といういわれがあります。この上杉本は天文から永禄年間（一五五〇年代から一五六〇年代初め）の作品です。次に歴博乙本と呼ばれる「高橋本洛中洛外図屏風」ですが、これも十六世紀後半頃のものです。これら四点が初期の洛中洛外図屏風というわけです。

それからもうひとつ、近世以降の洛中洛外図屏風の代表として舟木本を挙げておきます。これは慶長年間（一五九六～一六一五年）に岩佐又兵衛という人が書いたのではないかと言われます。最後に、その他のものとして十六世紀前半に作られた洛外名所図屏風と同じ構図の東山名所図屏風を挙げておきますが、これは十六世紀後半の作品です。

図6は一番古いと言われている歴博甲本で、右上の清水の舞台のすぐ下に五条橋があり、五条中島が確認できます。**図7**は東博模本で、ここにも五条中島が描かれています。**図8**は上杉本です。右上に五条中島があります。そして**図9**が舟木本というものです。左側中央に五条橋があり、後で

1 東福寺（とうふくじ）
2 観世能（くはんせのう）
3 三十三間堂
4 方広寺（まんしゆし）
5 浄教寺カ
6 祇園大政所
7 因幡堂（いなはたう）
8 悲田寺
9 本能寺カ
10 清水寺（きよみつ）
11 八坂の塔（やさかのたう）
12 建仁寺（けんにんし）
13 五条橋（ごてうはし）
14 大黒堂
15 四条道場（四てうのたうちやう）
16 祇園社（ぎをんしやう）
17 四条橋
18 雲華院殿
19 三条八幡
20 六角堂
21 三条殿（三てうどの）
22 円福寺
23 蛸薬師
24 妙覚寺
25 大炊御門
26 知恩院（ちをんいん）
27 南禅寺（なんせんし）
28 黒谷（くろたに）
29 等持寺（とうちゐん）
30 少将院
31 武衛
32 下御霊社
33 上御霊御旅所
34 頂妙寺カ
35 如意ケ岳（にょいかたけ）
36 真如堂（しんによとう）
37 吉田社（よした）
38 神楽岡（かくらをか）
39 吉田右衛
40 花山院殿
41 浄花院
42 清和院カ
43 安禅寺
44 比叡山（ひえのやま）よ川
45 報恩寺（はうをんし）
46 内裏（たいりさま）他
47 三条西殿（さうにしとの）
48 竹内殿

図６　洛中洛外図屏風（歴博甲本）（右隻）

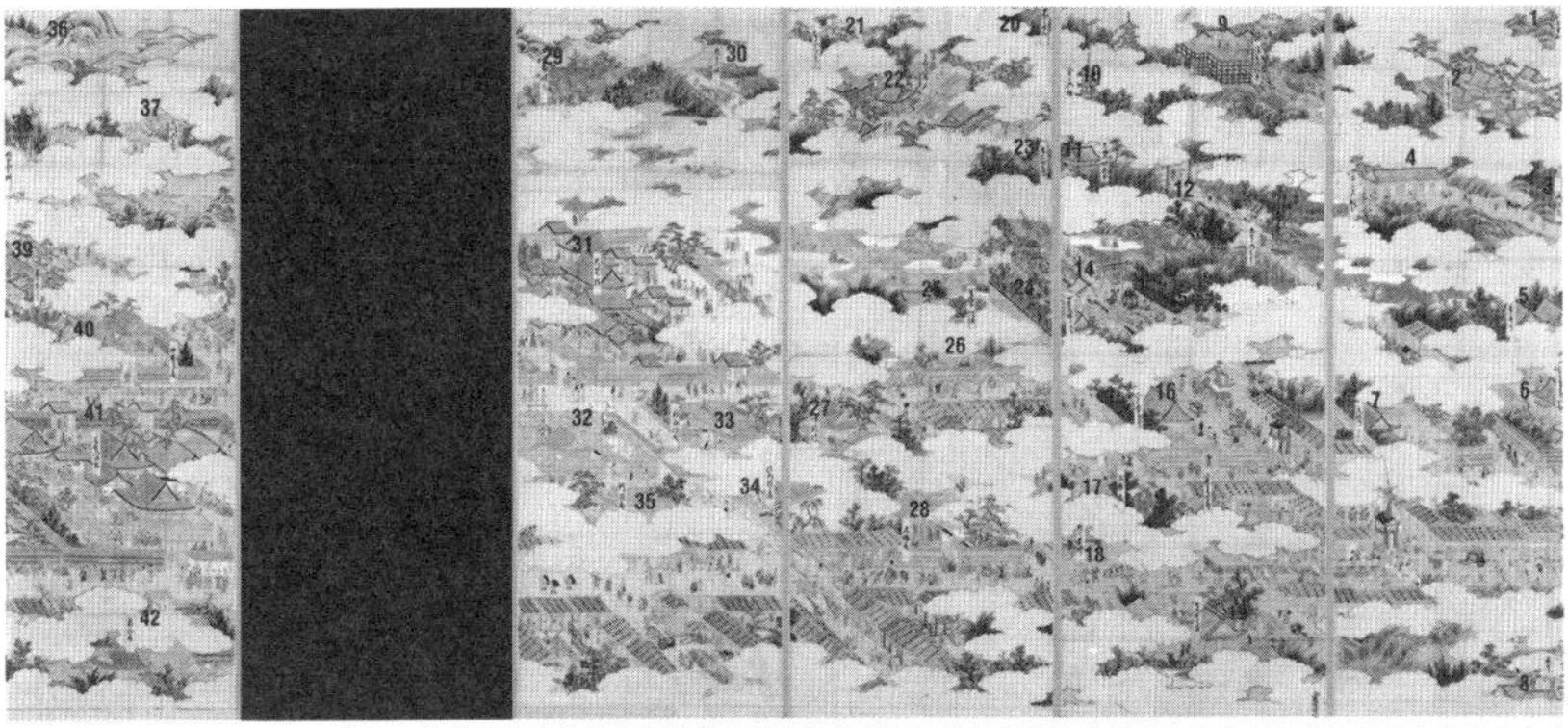

1 稲荷山（「いなり山」）
2 東福寺（「とうふく寺」）
3 法性寺（「法性寺」）
4 三十三間堂（「三十三けん千手観音」）
5 万寿寺（「萬寿寺」）
6 因幡堂（「いなは薬師平等寺」）
7 大政所（「大政所きおん」）
8 東寺（「東寺」）
9 清水寺（「清水のたき」）
10 八坂の塔（「やさかの塔」）
11 四条泣地蔵　※1
12 五条橋（「五てうのはし」）
13 大黒堂
14 四条橋
15 冠者殿
16 六角堂（「六かく堂龍法寺」）
17 二条殿（「二条殿」）
18 蛸薬師（「たこ薬師」）
19 本覚寺（「ほんかく寺」）
20 霊山（「りやうせん」）
21 知恩院（「ひかし山ちおんいん」）
22 祇園社（「きおんのやしろ」）
23 建仁寺（「けんにん寺」）
24 四条道場（「四条道場十宗寺」）
25 等持寺（「等持寺尊氏御こんりう」）
26 曇華院
27 浄花院（「浄花院」）
28 石橋殿（「石橋殿」）
29 南禅寺（「南禅寺」）
30 粟田口（「あはた口」）
31 内裏（「大里様」）
32 不詳
33 花山院殿（「花山院殿」）
34 広橋殿（「ひろはし殿」）
35 竹内殿（「竹内殿」）
36 比叡山（「ひゑの山」）
37 白川の道（「白川のみち」）
38 下鴨カ（「五りやう口」）
39 相国寺（「しやうこくし」）
40 伊勢守殿（「伊勢守殿」）
41 花の御所（「はなの御所」）
42 畠山殿（「畠山殿」）

※1「みふの地蔵堂」の貼紙があるが誤り

図７　洛中洛外図屏風（東博模本）（右隻）

1 稲荷山（「いなり山」）
2 泉涌寺（「せんにふじ」）
3 清水寺（「清水寺」「こやすのたう」）
4 東福寺（「東福寺」）
5 妙法院（「しるたにめうほういん」）
6 六波羅（「ろくはら」）
7 三十三間堂（「三十三間」）
8 万寿寺（「万寿寺」）
9 七条道場（「七条のだうぢやう」）
10 不動堂（「ふとうだう」）
11 若宮八幡（「わかミやの八まん」）
12 成光寺（「かいかうじ」）
13 稲荷旅所（「いなりの御たび所」）
14 東寺（「とうじ」）
15 八条道場（「八条たうしやう」）
16 地主権現（「ぢしゆ」）
17 霊山（「りやうぜん」）
18 経書堂（「きやうかくだう」）
19 八坂の塔（「やさかのたう」）
20 祇園社（「ぎおん」）
21 建仁寺（「建仁寺」）
22 四条泣地蔵（「四条なきぢざう」）
23 五条橋（「五条のはし」）
24 大黒堂（「大こくだう」）
25 閻魔堂（「ゑんまだう」）
26 ちやうきさうし
27 因幡堂（「いなばだう」）
28 大政所（「おうまん所」）
29 玉津島（「玉津島」）
30 悲田寺（「ひでん寺」）
31 長講堂（「ちやうかうだう」）
32 六条之仏（「六条之仏」）
33 御影堂（「みゑいだう」）
34 本国寺（「本国寺」）
35 五条天神（「五条之天神」）
36 中堂寺（「ちうたうじ」）
37 双林寺（「さうりんじ」）
38 円山（「丸山」）
39 知恩院（「ちおんいん」）
40 青蓮院（「しやうれん院」）
41 三猿堂（「見さるきかさる」）
42 四条道場（「四条のたうじやう」）
43 四条橋（「四条のはし」）
44 冠者殿（「くわんじやどの」）
45 悪王子（「あくわうじ」）
46 竹田法印（「竹田はういん」）
47 山王（「山わう」）
48 善長寺（「ぜんちやう寺」）
49 清の荒神（「きよしのくわ神」）
50 将軍塚（「しやうぐんつか」）
51 如意ヶ岳（「によいがだけ」）
52 南禅寺（「南禅寺」）
53 永観堂（「やうくわん堂」）
54 粟田口（「あわた口」）
55 等持寺（「等持寺」）
56 弁慶石（「べんけいいし」）
57 三条八幡（「三条の八まん」）
58 曇華院殿（「どんけいとの」）
59 六角堂（「六かくだう」）
60 竹田瑞竹（「竹田ずいちく」）
61 円福寺（「ゑんふく寺」）
62 本能寺カ（「法能寺」）
63 鹿ヶ谷（「しゝのたに」）
64 黒谷（「くろたに」）
65 真如堂（「しんによだう」）
66 東山殿様（「ひがしや山殿様」）
67 岡崎（「おかさき」）
68 聖護院（「しやうご院」）
69 吉田在所（「吉田さい所」）
70 声聞師村（「しやうもし村」）
71 内裏（「日華門」「正月御せちへのてい」「内裏様」「紫宸殿」他）
72 少将院（「せうしやう院」）
73 二条殿（「二条殿」）
74 花山院殿（「くわさん院殿」）
75 秋野道場（「秋野たうじやう」）
76 蛸薬師（「たこやくし」）
77 御霊（「ごりやう」）
78 大炊御門（「大炊御門」）
79 妙覚寺（「めうかくじ」）
80 神明（「しんめい」）
81 式阿弥（「しきあミ」）
82 妙顕寺（「めうけんじ」）
83 今道峠（「いまみちたうげ」）
84 比叡山（「ひへの山」）
85 白川（「白川」）
86 白川八幡（「白川八幡」）
87 吉田社（「吉田」）
88 下鴨社（「たゞす」）
89 報恩寺（「ほうおん寺」）
90 東北院（「とうほくいん」）
91 天満宮（「天満宮」）
92 万里小路殿（「までの小路殿」）
93 甘露寺殿カ（「かんろうゐん殿」）
94 武衛（「ぶゑい」）
95 浄花寺（「じやうけい寺」）
96 鞠の宮（「まりの宮」）
97 上御霊御旅所（「上ごりやう御たび所」）
98 下御霊御旅所（「下ごりやう御たび所」）
99 頂妙寺（「ちやうめうじ」）

図８　洛中洛外図屏風（上杉本）（右隻）

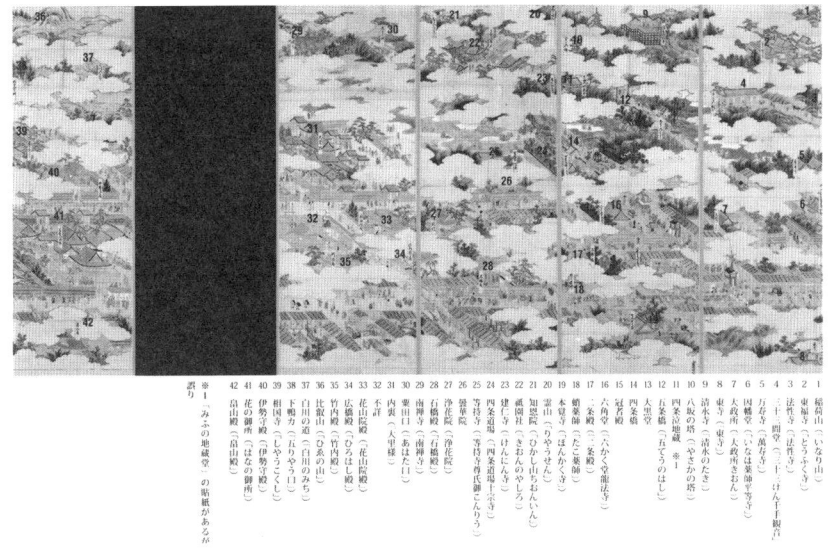

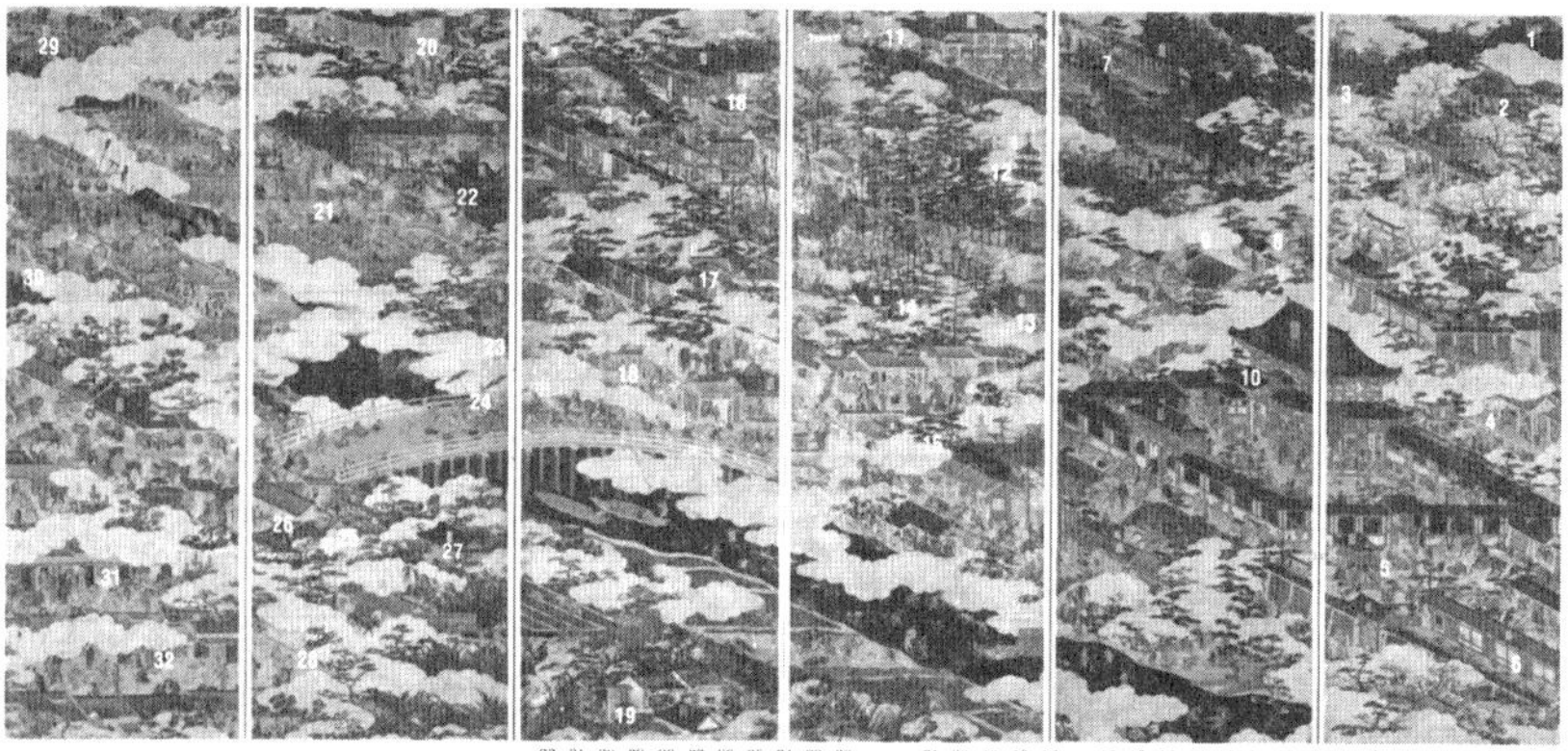

1 阿弥陀が峰（「　たかむね」）
2 豊国社（「とよくに」）
3 渋谷越（「しるたにこゑ」）
4 豊国定舞台（「とよくにじやうぶたい」）
5 方広寺鐘楼（「大ぶつかねつきだう」）
6 三十三間堂（「間」）
7 清水寺（「きよみつ本堂」「おくのせんじゆ」）
8 妙法院（「みやうはういん殿」）
9 照高院殿（「せうこういん殿」）
10 方広寺（「大仏」「大ぶつろうもん」）
11 地主権現（「ちしゆ」）
12 八坂の塔（「　たう」）
13 六波羅（「六はらたう」）
14 ひでら
15 耳塚（「みゝつか」）
16 祇園社（「ぎおん本社」「　ん　の坊」 ぎおんむめの坊　ぎおんもんぜん）
17 建仁寺（「けんにんじ」）
18 五条の芝居小屋（「かぶき」）
19 七条道場
20 知恩院（「　ん」）
21 四条の芝居小屋（「山中ときはあやつり」「むねわりあやつり」「かぶき」「四条がはら」）
22 日吉地蔵（「　やの　」）
23 恵比寿神社（「　の　し」）
24 五条橋（「五条のはし」）
25 橋詰八幡（「はしつめの八まん」）
26 御影堂（「み　」）
27 本覚寺（「ほんがくし」）
28 下の町（「下の町」）
29 三条橋
30 四条橋
31 上の町（「上の町」）
32 中の町（「中の町」）

図９　洛中洛外図屏風（舟木本）（右隻）

改めて確認しますが右側中央が方広寺大仏殿で、隣接して三十三間堂があります。

歴博甲本を拡大してみると（図10）、確かに清水の舞台があり、五条橋には中島があり、中島には建物が描かれています。それから十六世紀後半の作品である名所図（東山名所図屏風）（図11）にも五条橋と中島、さらに中島に描かれた建物と勧進をしているお坊さん（勧進聖）と大黒様が確認できます。上杉本を拡大すると（図12）、五条橋にある建物は大黒堂というふうに読め、瓦葺き、板葺き、茅葺きの三つの建物が確認できます。ここは清水寺参詣の出発点で、市女笠《いちめがさ》をかぶった女性の一団が意外と多いといえます。安産等の祈願をするためでしょうか。

図13と**図14**は清水寺参詣曼荼羅というものです。むかって左下に五条中島があり、

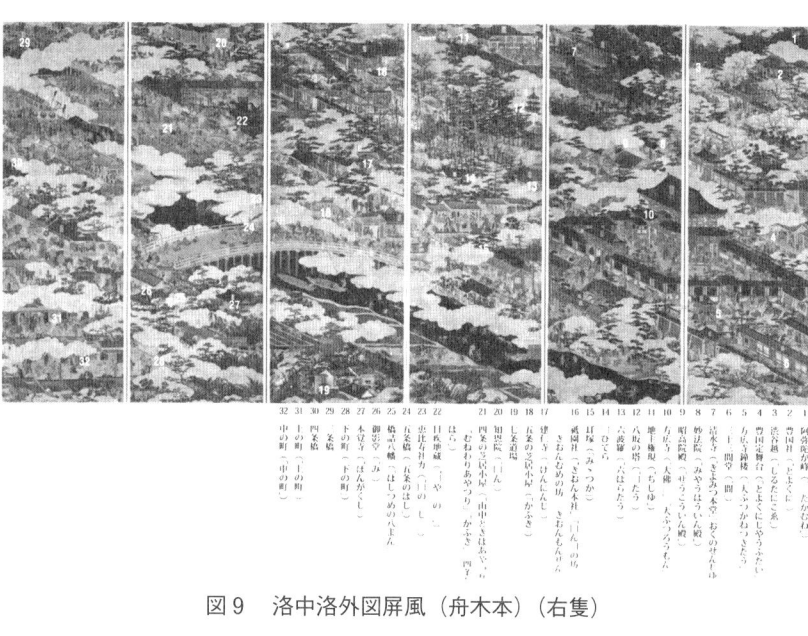

図10　歴博甲本（拡大）

図11　東山名所図屏風（拡大）

図12　上杉本（拡大）

橋が二つ見えます。橋の上の覆面をした人は犬神人《いぬじんにん》と呼ばれる祇園社の下級神官で、弦召《つるめそ》と呼ばれる人たちです。勧進聖と大黒様も描かれています。右下には卒塔婆や五輪塔があり、鉢叩《はちたたき》と呼ばれる下級の芸能者・宗教者がいます。

図14の中島家本にも、同様の箇所に覆面をした犬神人がいます。弁慶と牛若丸が描かれているのは、かつてこの二人が五条橋で戦ったという伝承を伝えるためです。清水坂非人も描かれています。清水坂非人は鎌倉時代にいた有名な集団ですけれども、基本的には癩者《らいしゃ》が中心で、この祇園社の犬神人がそれを統率しています。それから、この建物は「四つ棟堂」という名称ですが、これは癩者の収容施設というふうに考えられています。東山名所図屏風を見返すと、覆面をした犬神人や乞食《こつじき》らしき人が描かれています。それから五輪塔があり、座り込んでいるのは「いざり」という障害者かもしれません。こういっ

図13　清水寺参詣曼荼羅（清水寺本）

図14　清水寺参詣曼荼羅（中島家本）

た人たちが、この五条中島に関わっていることが読み取れます。

ここからは、文字史料に関してお話をさせていただきます。まず、平安時代末期に編まれた歌謡集である『梁塵秘抄』には「**東の橋詰四つ棟**」とあり、先ほど見た四つ棟堂という癩者の収容所がこの時期にすでにあったことが分かります。それから鎌倉時代の『とはずがたり』には、「**清水の橋の西の橋**」とあり、清水の橋は五条橋のことですので、当時、五条橋は東の橋と西の橋の二つあった、つまり五条中島があったということが言えると思います。それから同時代でいきますと、天正三（一五七五）年二月に島津家久が鹿児島から京都に旅行に来たことが書かれている『中務大輔家久公上京日記』に、「**五条の橋お渡、中島有、法城寺といへり、水去て土と成といふ心**

也」と記されています。先ほどの大黒堂を含む建物は法城寺というお寺で、中島にあったことが分かります。また、天和二（一六八二）年から貞享三（一六八六）年ごろに書かれた『雍州府志《ようしゅうふし》』という地誌の中には、「**五条の橋の東北、中嶋に有り。安倍の晴明、河水氾濫を祈る。水、立ちどころに流れ去る。之れに依りて寺を河辺に建て、法城寺と号し、地鎮とす。言うこころは、水去りて土と成るの義なり。晴明、死後に、斯の寺に葬る。世に、晴明塚と称す**」と出てきます。文字史料からもこの地に五条中島があって、それからその五条中島に法城寺や晴明塚が存在していたことが分かります。

先ほど確認した通り、上杉本の洛中洛外図屛風には瓦葺き、板葺き、茅葺きの三つの建物がありますが、瓦葺きの建物が大黒堂を含む法城寺という建物だろうと思われます。大黒堂に安置されていた大黒様の像は、現在は清水寺本堂の外陣の脇に修復されて残されています。中島がなくなった後、いろいろな変遷があり、大黒様の像は本堂に移ったようです。それから清水寺参詣曼荼羅には、晴明塚かもしれませんが、五輪塔や卒塔婆といったお墓に関するものが多く描かれていました。大黒堂を含む法城寺が、安倍晴明が治水を祈願して設立したお寺で、安倍晴明の死後にここに晴明塚を造り葬ったということですから、安倍晴明伝承のひとつの拠点がここにあったということにも注目しておきたいと思います。

こういった法城寺とか晴明塚というものの継承は近世に入るとなくなっていきますが、三条の東詰めの法城山晴明堂心光寺にひとつ遺物が移ったという話があります。また、清水寺の門前にある姥堂法成寺も遺物を引き継いだという話がありますが、こちらのお寺は明治になって廃寺になります。

五条中島の信仰の担い手をまとめてみると、大黒堂にいた勧進聖、覆面をした祇園社の犬神人、癩者を中心とした清水坂非人、それから乞食、鉢叩等多岐に渡っています。乞食の中には、先ほど言ったように身体に障害を持った、一般的にいざりと呼ばれる人たちも含まれていたと考えられます。さらには他の文字史料には、「いたか」や「自然居士《じねんこじ》」と呼ばれる下級宗教者もここに居住していたという話があります。そして五条中島には、法城寺の寺名に象徴される治水を祈る場としての性格がありますが、安倍晴明信仰を担っている治水・土木・地鎮に関わるのは唱《しょう》開《も》師《じ》をはじめとした民間の陰陽師たちです。そういう人たちも、五条中島周辺に大きく関わっていたと考えられます。

彼らが担った信仰は、法城寺の寺名に象徴される鴨川の治水信仰であり、中嶋にあった法城寺を中心とする癩者の守神《まもりがみ》信仰です。安倍晴明自身が癩病を患って、ここに移り住んで余生を送ったという伝承があり、それを拠りどころにして、癩者の人たちがこの近くに居住したのでしょう。こうした信仰を含めて、五条中島に集う人々が、豊臣秀吉による区画再編による五条中島の消滅によって分散していったと思われます。中でも安倍晴明信仰を担った陰陽師に関しては、陰陽師狩りとも呼称される秀吉の下級宗教者弾圧によって、この五条中島から存在が忘れられていったのではないかと考えています。

五条中島は近世初頭にはなくなっていますが、具体的には、天正十九（一五九一）年、秀吉による御土居《おどい》と呼ばれる惣構の構築のための京都の区画整理を通して、五条橋と中島が消滅していきます。文禄二（一五九三）年には秀頼が誕生しますが、そのすぐ後より、『時慶記』に「**太閤大津へ御越ト、唱聞師払ノ儀アリ**」とある通り、秀吉による数年に及ぶ陰陽師狩りが断行されます。文禄三（一五九四）年三月には、京都の陰陽師百九人が尾張の荒れ地の復興のために送られています。

他にも、秀頼が生まれた文禄二年あたりからいろいろと悲惨な事件があり、淀殿周辺の女房たちが処刑されるということも起きています。文禄二年、秀頼が生まれてひと月かふた月になったところで、秀吉は茶々へ手紙を出しています。よくお乳を飲ませとか、一人寝をさせよとか、乳がよく出るようにご飯をたくさん食べろとか、いろいろ気を遣っているのですが、その後に続いて、「**やがても参り候はんが、糾明をいたし**」とか「**わが身こし候はば、業腹立ち候はん**」とか、前半部分と様相を変えた脅し文句が出てきます。これはどういうことでしょうか。おそらくは、秀吉に子種がなかったということが関係しているのではないでしょうか。秀吉に子種がないというのはルイス・フロイスも指摘していますが、それでは秀頼の誕生は何を示しているのか。そこに陰陽師あたりの人たちが大きく関わったことが作用して、陰陽師狩りに繋がったのではないか、と考えることもできます。こうした点も、陰陽師が追放され五条中島から忘れ去られていく契機になったのかもしれません。これで私からの話を終わらせていただきます。どうもありがとうございました。

〔参考文献〕

瀬田勝哉『増補　洛中洛外の群像』（平凡社ライブラリー、二〇〇八年）
下坂守『描かれた日本の中世』（法蔵館、二〇〇三年）
服部英雄『河原ノ者・非人・秀吉』（山川出版社、二〇一二年）
山田邦和「鴨川の治水神」（『花園大学文学部研究紀要』第三二号、二〇〇〇年）
群馬県立歴史博物館・米沢市上杉博物館他編『三館共同企画展　洛中洛外図屏風に描かれた世界』（図録、二〇一一年）

地域の歴史学習における地籍図とGISの活用

慶應義塾普通部教諭　髙橋　傑

慶應義塾普通部で教員をしている髙橋と申します。どうぞよろしくお願いいたします。中学校の歴史教科書には、「地域の歴史を学習しよう」というコラムが出ています。しかし、自分が住んでいる地域や学校がある地域にどのような歴史があるかは、教科書を読んだだけではわかりません。そういう中でどのようなアプローチが可能かということをお話できればと思っております。私の勤務する学校は横浜市の日吉というところにあります。今こちらは宅地化が進んでおり、空中写真を見てみると一面家だらけなので、ここにどういう歴史があったかを知るのはなかなか難しいことです。そうした中での試みを紹介していきたいと思いますが、NHKでやっている『ブラタモリ』という番組のようなかたちで、生徒がタモリさん役になったり土地に詳しい案内者役になったり…というかたちをイメージしてみてください。

地籍図というのは**図15**のような地図です。税金を年貢から地租に変えることを目的に明治六（一八七三）年に地租改正が行われましたが、そのときに一筆一筆を把握する目的で、地図が作られました。この地図を地籍図、正式には公図あるいは旧公図と言います。現在も日本の五〇％ほ

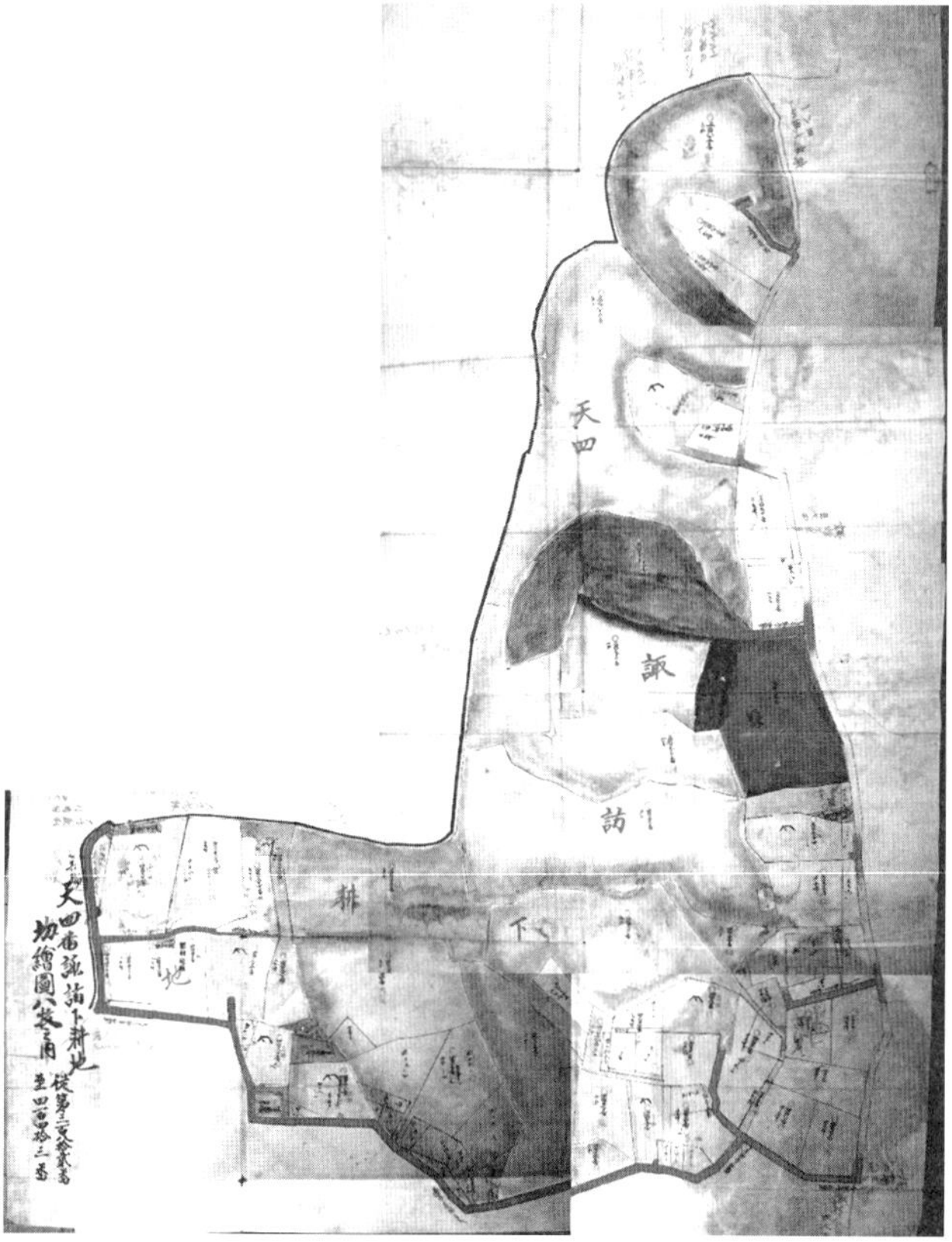

図15　小字図

どの地域が、このときに作製された地籍図をもとに土地の所有を証明しているという状況で、日本全国どこにでも必ずあるはずの地図です。ただし、特に山の中は正確に測量することができないので、最終的には土地の所有者の責任で地図を作製することが許されました。土地が広くなると当然地価が上がってしまいますから、なるべく小さく申告をしたようで、今実際に測量をすると、場所によっては一六〇%ぐらい広がってしまうようです。

地籍図には小字ごとに作製されたものと、村ごとに作製されたものがあり、前者の縮尺は約六〇〇分の一、後者の縮尺は約六、〇〇〇分の一です。**図15**は小字図です。全村図という形になると、だいたい十畳くらいの大きさになります。地籍図は少々分かりづらいですが、土地利用ごとに色分けされています。黄色いところが水田、オレンジ色のところが畑、緑のところが山、赤色のところが寺社、桃色のところが屋敷地といった具合です（※**表紙図**参照）。ここには地番も書き込まれていますが、これをどのように現在の地形図に落とし込んでいくかということが課題になるわけです。地籍図は登記の関係で使われている書類ですので、ひとつの系統としては法務局、もうひとつの系統としては市町村役場が保管しています。しかし、場所によっては入手が難しいところもありますので、問い合わせてみてください。

これを、どのようにしたら現在の地形図に落とし込めるのでしょうか。最初の作業は、ゼンリンが発売している「ブルーマップ」という地図を使って行います。ブルーマップはゼンリンの住宅地図を基に住所表記だけでなく、地番も載せているものです。ブルーマップの青線の区切りは先ほど見ていただいた小字図の切れ目と同一ですので、有効な情報になります。さらに、ブルーマップに記載された地番と地籍図の地番を見比べて、そこに土地利用を落としていきます。何番は畑だった、何番は水田だった、という形で落とし込んでいくという作業が、この地籍図を使うときに行う最初のステップになります。見比べながら、そしてあれこれ相談しながら色鉛筆で色塗りをしていきます。土地利用別に分けて、私は田んぼ担当、私は畑担当…というふうに係を割り振ると、陣取り合戦みたいな感じで議論が深まり、場合によっては私がやるよりも生徒がやった方が正確だったりします。後でＧＩＳの話をしますが、いきなりＧＩＳを取り入れるより、このステップを挟んだほうが、より自分が作業しているという実感が沸いてくると思います。

図16　国土地理院 1:10000 地形図「武蔵小杉」より作成

そういう形で色塗りをしていくと、図16のようなものができあがります（これはブルーマップに着色したものを一〇、〇〇〇分の一地形図におとしたものです）。この地図を作ってから生徒をフィールドへ連れて行くと、マンホールに耳を近づけて、このマンホールは水が流れている音がするかしないか、これは水路の暗渠なのではないかと探したり、一番低い土地を探したりします。

地籍図を利用するにあたって二番目に重要になるのが、迅速測図という地図です。明治政府が地方の反乱に対応するため、とにかく急いで日本の全国地図を作らなければいけないと意気込んで作製した縮尺二〇、〇〇〇分の一の地図です。迅速測図で参考になるのは道路の書きかたです。また、地籍図の土地利用との比較にも用いることができ、大きな視点からその地域の土地利用をイメージすることが可能になります。

もうひとつご紹介しておきたいのは、米軍が撮影した航空写真です。こちらも全国的にあります。空中写真ですので地図に当てはめていくには少し作業が必要なのですが、国土地理院が「地理院地図」で公開（全国ではない）しています。無料で閲覧することができるので、こちらも活用できると思います。よく見れば田んぼや畑の違いも見えてきますし、道もある程度見えてきます。場所によっては、地籍図とそのまま同じ形の田んぼや畑を見つけることもできます。

次にＧＩＳ（Geographic Information System、地理情報システム）に話を移します。ＧＩＳをパソコンやスマホ、タブレット等で利用すると、さまざまな地図を重ね合わせ、そのうえにデータを入力し、さらにフィールドに持ち出して閲覧、修正をすることが可能となります。ＧＰＳが内蔵された端末を利用すると現在地も表示できます。

私がここで使っているのは「地図太郎 Plus」という有料のＧＩＳソフトです。面・線・点のデータ入力、編集といった基本的操作を行うことができます。先ほどのような紙の作業をやったうえで、データを入力していくことになります。黄色が田んぼ、オレンジが畑、緑が山、水色の線が川や水路、ピンクが屋敷ということになります（**表紙図**：一部は迅速測図によって補っています）。

表紙図を見ていただくと、黄色の田んぼになっているところは低い土地です。東から西のほうに入っている谷がひとつ、その谷から南に入りこむ小さな谷がひとつ、それから南のほうに広めの水田が広がっているという、おおよその景観が読み取れます。そして、慶應義塾大学日吉キャンパスはその間の台地の上にあります。明治時代で言えば、その台地の麓に集落があり、キャンパスは集落の裏山だったことが分かるかと思います。

それでは、時代を追うとどういうことが見えてくるのでしょうか。南のほうの広めの水田は、縄文海進のときに海になっていた部分です。日吉の台地は縄文時代で言えば海べりということになりますので、縄文時代の遺跡も幾つかあります。弥生時代になると縄文海進は終わって水が引いていき、今まで海だったところは水田になります。台地上には弥生時代の遺跡がありますので、台地上の集落から下の田んぼを耕しに行くというような、それこそ教科書に登場するような風景がここに見えていたかと思います。縄文人はこの台地の上から海を見て、弥生人はこの台地の上から田んぼを見ていたということがひとつ言えるわけです。次の古墳時代になると、ひとつ大きな前方後円墳が出てきます。今、慶應大学矢上キャンパスがある台地には、観音松古墳という古墳がかつて存在していました。このあたりは島のように台地があり（綱島という近くの地名もここからきています）、台地は削って古墳を作りやすいため、多くの古墳が作られました。古墳時代の人も、台地の上に居住していたことが考古学的に分かっているので、集落の在り方としては縄文時代からあまり変わっていないようです。

中世になりますと、小田原の戦国大名である北條氏の家臣である中田加賀守《なかたかがのかみ》が、台地の上にあった矢上城という城にいました。城のふもとには保福寺という、自らが開基となったお寺が建てられました（**表紙図**）。この丘の上は一転して領主のものということになってきます。そして、保福寺の裏の谷の水田はこの城と関係が深い田んぼなのではないかということが見えてきます。

この中田加賀守は江戸時代には横浜市保土ケ谷区の川島というところへ転出してしまいますが、その家来たちは江戸時代を通じて今日見えるような屋敷地に暮らしていたということが分かっていますので、江戸時代にはだいたい地籍図に見える明治時代初期の景観と同じような暮らしが展開していたことが想像されます。台地は集落の裏山となり、江戸時代の地史には「あそこの塚の木にふれるとたたりがあるから、ここの土地の人は行かないことにしている」という記録があります。さらに地名の聞き取りでは、姨捨山という地名が登場したりします。

ここに東急東横線が開通することが、この土地の運命を変えます。東横線が通ったことにより慶應大学が誘致され（昭和十一、一九三六年開校）、裏山が一転し慶應大学日吉キャンパスとなり、俄然その土地の価値が上がります。この辺りには、明治二十二（一八八九）年に日吉村が成立していましたが、慶應大学がやってきて、この周辺の価値が上がったので、横浜市と川崎市が、日吉村にうちと合併しようという提案をします。村会議場での議論の末、二つに分けることになり、昭和十二（一九三七）年にこちらは川崎市、こちらは横浜市ということになったわけです。さらに、マリアナ沖開戦（昭和十九、一九四四年）の結果、海軍の連合艦隊と軍令部第三部の司令部がこの地に移されます。表紙図の青い線の部分は防空壕です。大学の校舎は通常の勤務に使われ、空襲になると皆でこの地下壕に待避するというかたちです。今度は、この台地は地下壕として再び別な使われかたをされました。

最後に、戦後は新幹線がここを通ることになります。新幹線は東京を出て新横浜の手前でトンネルをくぐりますが、そのトンネルは日吉キャンパスを貫通しています。東横線は曲線を使い、なるべく谷を使って日吉の台地に入り、谷を使って出るという形をとっていますが、新幹線はお構いなしに一直線にトンネルを掘って、台地をぶち抜いています。このときの工事で、軍令部第三部の地下壕は一部破壊され、この台地の歴史がまたひとつ塗り替えられたという言い方もできるのではないかと思います。

以上、日吉で地籍図を使うとどのようなことが見えてくるのか、という事例をご紹介しました。地籍図を利用することは、さまざまな日本史上の出来事にアプローチしていくきっかけになるのではないかと思っています。地籍図を用いるメリットというのは、色塗りをしているときに、自分が歴史を発掘しているというような気分になることができる点にあります。そして、自分の作業は正しいのか、推定した道の位置は正しいのか、田んぼと推定したところが傾斜地だったりするとハズレということになりますので、実際にフィールドに出て確認してみたくなります。その際、やはり最初はGISではなく紙ベースでの作業のほうが望ましいと思います。地籍図も一種の絵であり、アナログの作業のほうが相性が良いという印象があります。相談しながら作業を進めることができ、仲間意識が芽生え、お互いにもっと真剣に考えるようになります。

それからGISを使うメリットとしては、さまざまな歴史情報を重ねていくことで、地域に積み重なった歴史が理解しやすくなることが挙げられます。また、タブレット等に転送することができますので、手軽にフィールドに持ち出すことができます。さらにGPSがあれば自分が今いる位置を画面の地図上で確認することができますので、何か時空を超えた感覚を得ることができ、フィールドワークが楽しくなります。フィールドで新たな発見があると、また学校に帰り作業を行う…という流れもできます。一気に作るのは大変ですが、このサイクルでまわしていくと、より興味関心が深まるというふうに感じています。以上で私からの報告を終わらせていただきます。どうもありがとうございました。

〔参考文献〕

鮫島信行『日本の地籍　その歴史と展望』（古今書院、二〇〇四年）
日吉台地下壕保存の会編『フィールドワーク　日吉・帝国海軍大地下壕』（平和文化、二〇〇六年）

※　本研究は、平成二十七年度慶應義塾学事振興資金（共同研究）「歴史民俗調査成果のＧＩＳデータ化と教育へのフィードバックに関する研究」による研究補助を受けています。
※　表紙図に関して、ベースマップは地理院地図、土地利用は明治期地籍図（一部迅速図により補訂）、その他の歴史情報は『フィールドワーク　日吉・帝国海軍大地下壕』より作成しています。

総括討論

〔司会〕　金沢大学人間社会学域学校教育学類教授　黒田　智

金沢大学の黒田と申します、どうぞよろしくお願いいたします。本日は三本のご報告をいただきました。最初の高木先生のご報告は、平安・鎌倉時代の荘園絵図、次の松井先生のご報告は中近世移行期の洛中洛外図、最後の髙橋先生のご報告は近代の地籍図等を使い、いずれも地理・地図的な視点を持ったものでした。

絵画資料を歴史教育の中で使っていくという動きは、研究の動向とも非常にリンクしています。一九八〇年代半ばぐらいから、特に中世史を中心に絵画を資料として扱う研究が進んできたということが背景にあります。同時に一九七〇年代以降、印刷技術が進歩し、それに伴い教科書や副教材等もフルカラーになり、さまざまな絵画資料が高精彩の画像として活用できる条件が整ってきた時期でした。そうした中で、特に日本史の教科書の中では多彩な絵画資料（絵巻物、肖像画、絵図等）が取り扱われるようになってきたわけです。

他方で、なかなかそうした絵画が十分に活用されてこなかったということも言えると思います。その資料が教科書の中で単なる挿図として触れられる、ないしは触れられないままに素通りしていくということが多い中で、こういう絵画資料を使った歴史教育の可能性が、一九八〇年代以降約三十年間に渡って議論されてきました。
　このテーマは社会科や日本史という問題に限らず、地理や公民も含めた分野横断的性格を持っていますし、もっと広く言えば国語や理科に出て来る挿絵や挿図のようなものをどう扱っていくかということも含めて、教科横断的な問題として議論ができるのではないかという気もしています。私なりにこの総括討論という時間を解釈すると、絵画資料論というものが研究の俎上に上がってきて、そういうものが教育現場の中でさまざまに使われ、実践例も具体的に挙げられてきている中で、まさに教育の最前線として、今ある絵画資料を歴史資料として扱っていく実践方法や現状を確認していけばいいのではないかと思っています。論点も内容も多岐にわたっていますが、まずは報告者のお三方から、今日の報告について補足ないし確認事項、あるいは他の報告者に対する質問等がございましたらご意見をいただければと思います。では高木先生からお願いします。

高木：私は荘園絵図というひとつの素材を取り上げたわけですが、もともとこの荘園絵図という素材は、日本史という教科の中でそれほど注目されてきたものではないと思います。素材である絵図そのものが非常にシンプルなので、いわゆる美術的な意味での絵画作品ではなく、美しさに感動するというような類のものではありません。むしろ、歴史にアプローチするための回路のような形で歴史資料として利用され、そこから教育の中でもこの荘園絵図をどう活用すれば効果的かという問題が議論され、徐々に注目されてきたもののように思います。

この荘園絵図は、確かに昔はトレースした形で教科書に掲載されることが多かったように思います。それが黒田先生のお話にもありました通り、写真技術や印刷技術が進んできて、教科書にも原板をそのまま掲載できるようになりましたが、トレースしたものから読み取れることと、原版から読み取れることは違うと思うので、その意味では技術の進歩はありがたいと思います。ただ、先ほども指摘しました通り、荘園絵図は見て美しいものではないだけに、そこから何を読み取ることができるかが非常に重要になってきます。そのためにはやはり、図版に付随する補足説明がきわめて重要で、単に絵図だけが掲載されていても、そこから何を読み取ってほしいかということは決して自明ではありません。そこは先生がサジェスションをしてあげないと、なかなか効果的な教材にはならないと思います。今日の話の中では、この説明の仕方が言葉足らずであったかもしれません。

松井先生のお話に出てきた『洛中洛外図屛風』という作品は、現在では教科書や副教材としての資料集・図録にカラーで載っていることが多いのですが、原作品は非常に大きなサイズの作品にきわめて細かく人物や風景が描かれているような作品で、教科書・資料集によってはその全体図が掲載されている場合と、強調したい部分・注目させたい部分が抜き出されて掲載されている場合があります。全体として大きな作品の中の、その部分になぜ注目する必要があるのか、なぜこれが描かれているのかというようなことを、まず教師から的確に説明する必要があり、その点に関してはなかなか難しい素材なのだなということを感じました。

それから髙橋先生の地籍図と、ＧＩＳを活用した実践例のお話に関しては、最後のところの話が特に印象深かったです。これは荘園絵図の例でもそうですが、生徒たちに具体的に手を使って作業させるという過程がやはり非常に重要で、先生の話をただ聞いているだけではなくて、自らの手を動かして作業をさせることにより、それまでは見えていなかったいろいろなものが見えてきます。実践例では地図を素材に、歴史の積み重ねの延長上に自分たちの生活があるのだということを学ばせていました。作業することを通してその点を実感させることができる素材としても、やはり有効なのだと感じました。

松井：絵画の場合には嘘も描かれている可能性があり、考察を補うために文字資料を援用しないといけないのですが、絵画資料から分かる部分は結構多いのではと考えています。それをどういう形で教材化できるかということの、ひとつの試論がなされれば良いと思います。私は本日の話の中でどんどん論を展開しましたが、少し補足すると、豊臣秀吉の政策は、ある意味では下級の宗教者や陰陽師等を定着させ機能させるという社会的意味がありますが、少し見方を変えれば、これはただの政策でなく、秀吉の陰陽師に対する一方的な恨みやこだわりに起因するのではないかと考えることができます。たとえば豊臣秀次事件というものがあります。これはジェノサイドであり、一家皆殺しの事件です。戦国時代でも基本的に女性や女の子どもは殺さないというのがだいたいの決まりなのですが、その決まりも無視して三条河原で殺されています。これはなぜなのか。一連の事件を重ねていくと、秀頼出生の大きな問題が出てきます。こういう謎が解けていくのではないか、という想いもあり、最後に少し余分な話をしました。洛中洛外図からは、基本的には五条中島にどういった信仰があり、どういう人たちが関わっていたのか、どのようにそれがなくなっていったのかということを視覚的に捉えることができると思います。

髙橋：授業を通して何とかその土地に関心を持って歴史を調べてほしいなと考えており、最初の頃は、フィールドに行ってお地蔵さんの場所を地図に落としてみようとか、古そうな家に行って聞き取りをしてみようとか、そういうことをやっていました。聞き取りに応じてくださる方は非常に親切なので、いろいろなことを教えてくれるのですが、受け止める側がそれを十分に活かし切れないというところがあって、何とかフィールドに行く前にできる作業はないだろうかと探していました。そこで出会ったのが地籍図です。

試しに地籍図を授業に取り入れてみたら、普段あまり積極的ではない生徒が、意外とワイワイ言いながら色塗りを始めるわけです。やはりその地図が完全ではないというのが非常に魅力的なのでしょう。今の地図と完全に照らし合わせるようなものだと、ただ写していくだけなのであまり面白くないと思いますが、ああでもないこうでもないと解釈する余地があるというところが、良いかたちを生んでいるように思います。誰もが正解に一番近づけるチャンスがあるという点が、この絵のような地図を使って作業する魅力なのではないでしょうか。

ＧＩＳに関してですが、私も別にＧＩＳの専門家ではありません。ぜひ気軽に使ってみていただきたいと思います。たとえば「カシミール」というＧＩＳソフトは無料でダウンロードでき、タイルマッププラグインを利用すると、迅速図も古い地形図もすべて無料で閲覧することができます。それから縄文海進という話をしましたが、「だいち」という衛星が撮った標高データセット（三〇mメッシュ版）を無料でダウンロードすることができます。そこに、たとえば海抜五・五mで注水すると、パッと水浸しになって日吉には本当に綺麗な入り江の形が出ます。あと、スマートフォンやタブレットのアプリも充実してきており、Android OSでは「地図ロイド」や「野外調査地図」などが、iPhone OSでは、「Field Access2」などがあります。生徒を外に連れ出して、お地蔵さんの位置はここでした…等GIS上でマークして、写真を撮って後でそれを持ち寄って見せ合うというのも非常に楽しい作業だと思います。本日お示ししたデータはそれなりに作り込みが必要なので、大変かと思われたかもしれませんが、このように調べたところを地図に落とすだけでも十分面白いので、スマートフォンやタブレットにインストールしてお試しいただければと思います。これらのアプリでは、タイルマップサービスを利用すると、迅速図や旧版地形図を利用することもできます。

あと、他のご報告について関心を持ったところをお話しさせていただきます。高木先生の、絵画資料の答えはひとつではないというお話が非常に印象に残りました。荘園絵図に打たれた牓示ですが、こういうものがあるので、荘園というのは空間として存在するのだということが分かりやすく、教科書にも使われるのだと思います。高木先生のご報告の図5では右下に牓示が二つ並んでいる理由を教えていただければと思います。この理由が分かると、当時の人が牓示をどのような場所に打っていったのか、どのような基準で打っていったのかということが分かると思いました。当時の人の意識と絵図の作りかたというのはリンクしていると思い、そのあたりをもっと知りたくなりました。それから松井先生のご報告ですが、洛中洛外図は本当に情報がたくさんあって、知識がないと何に着目して良いのか分からないというのが率直な印象ですが、明確な視点を持って対象（今回は五条中島）に注目すると、非常に奥深い話が展開されることが分かりました。五条中島は人為的に破壊されたのだと理解しましたが、形成時は自然にできたという理解で良いのでしょうか。また、なぜ秀吉の恨みが特に五条中島に向けられたのかもより詳しく伺いたいと思います。

ありがとうございます。私からも高木先生に一点お願いがございます。紀伊国桛田荘絵図に関して言うと、教科書では挿図の下に説明が出ているわけですが、こういう説明が有効であった時期が教育の中で確かにあったと思います。それがどう変わりつつあるのかということを、少し説明していただきたいと思います。

高木：先に髙橋先生のご質問のほうからお答えしたいと思います。**図5**の紀伊国神野真国荘絵図を見ると、右下部分には牓示が上下に二つ並んでいます。なぜこんなに近いところに牓示があるのか、なぜ向かい合わせになっているのかという趣旨のご質問かと思います。絵図を解釈するときの基本として、「文字が書かれている場合は、その文字の向きに注意しなさい」ということがよく言われます。目を凝らして見ると、下の方の牓示は上から下に向かって字が書かれていますが、上の方の牓示は下から上に向かって文字が書かれているのが分かります。これは要するに、荒川荘というのはこの絵の下の方に位置している荘園ですが、こちら側（荒川荘）の人が見て考える牓示というのがこの場所にあり、それに対して神野真国荘という、絵図の中心にあるこの荘園は、それとは別の位置を牓示と考えていた、ということです。つまり、この絵図の中にはいろいろな人の権利・主張が書き込まれているのではないかと考えられます。ですから、そういうところから、中心に書かれている神野真国荘だけに注目すれば良いというわけではなくて、その周りにも同じような荘園（暮らしの場）があって、それが材木などの資源の奪い合いをやっていた、そしてそういう中から新たな荘園ができてきて広がっていく、ということを生徒たちに気づかせることが大切だと思います。

黒田先生からのご質問は、簡単には答えられないと思いますが、**図4**の紀伊国桛田荘絵図に関して、確かに教科書に記されているこの説明文で十分だと思われていた時期もありました。ただし現在、絵図研究、とりわけこの桛田荘絵図研究そのものが進展してきたこともあり、従来の解釈とは違って、制作の契機として隣接荘園との紛争を重視したり、荘園における開発の過程を重視するなど、より多くのことをこの絵図から読み取れるようになってきています。教科書を簡単に書き替えることは難しいでしょうが、現行の教科書の説明は、我々から見れば数十年前の研究成果です。たとえば、桛田荘絵図は川の内側が領域のはずですが、牓示は川をまたいで対岸に打たれています。対岸に打たれているということは、隣接する荘園の領域に少し食い込んでいるということなので、そこに注目し、この二つの荘園の間でトラブルがあったのではないかという研究が進められています。たとえばこのようなかたちで、研究の進展に合わせていろいろな視点を盛り込んでいく必要があるのではないかと思います。

松井：五条中島はおそらくは自然にできたのだろうと思いますが、洪水によって消滅したのか秀吉の都市政策かを考えると、洪水除けや治水信仰があったであろう中島の信仰形態が途切れてしまったのは、要するに政治的な意図で完全に消されてしまったのだと考えられます。十六世紀後半の政治的な政策では秀吉の御土居の構築があり、それが大きな要因だろうと思います。

松井先生のご報告は、非常に細かな図版である洛中洛外図をあれだけ拡大して大きく見せられるような状況が生まれつつあるということ、なおかつ新出の洛中洛外図を含めて一二〇点近いものが出てきているという現状を受けてのものであると思います。

社会科の授業も含めて教育情報機器を小・中・高を問わず取り入れるという時代が来て、一人一台のタブレット時代というのが実際に起こりはじめていると思います。最後に高橋先生より、タブレット仕様における授業実践の可能性についてお話をいただきたいと思います。

高橋：学校でタブレットをどのように使うかというのは非常に難しい問題で、正直に言いますと生徒のほうが詳しいです。私がいくら勉強しても、彼らの知識にはついていけませんので、最低限のセーフティ・ネットを付けておく必要はあると思います。生徒に無制限に使わせると、勝手にアプリをインストールしたり、無料動画を見たりやりたい放題です。無料で管理できるアプリもありますが、そこは学校のネットワーク担当者に相談をする等して、一人で全部を抱え込まないほうが良いかと思います。そういう気を起こさせないくらい楽しく充実した授業をするのが、究極的な対策です。現状ではタブレットが大量に入ってきている状況がありますが、こちらが心してやらないと、うまく活用されません。本当に試行錯誤の段階だというふうに思っています。

ありがとうございます。ビジュアル資料、動画も含めてさまざまなものが教育現場で活用されはじめているという現状があるかと思います。その中で、絵画を資料として扱う取り組みもまた活発になっているということが、本日の講演会を通して少しでも実感いただけたらと思います。短い時間の中で十分に咀嚼しきれたとは言えませんが、これで総括討論を終了させていただきます。どうもありがとうございました。

「早稲田教育ブックレット」№.14刊行に寄せて

和田　敦彦

早稲田大学教育総合研究所は、実践的な教育の場を視野に入れつつ、教育に関わる幅広い研究課題を支援してきています。また、それら研究課題の成果は、講演や各種出版物の形でも公開されてきました。その活動の一環として、二〇一五年一二月一二日に教育最前線講演会シリーズXXI「歴史の中の絵画教育」を開催いたしました。このブックレットは、その講演会をもとに、早稲田教育ブックレットシリーズの一冊としてまとめたものです。

今回は、特に日本史の教科教育に関わるテーマとなっています。とはいえ、問題設定は、絵画、さらにいえば画像データの教育利用に関わるもので、広くどの教科にも関連してくる課題です。写真や絵、さらには映像は、たとえば国語科教科書における教材としても増加してきています。ただその一方で、それらを実際にどう教えるのか、そこから何が教えられるのか、という具体的な教育方法やその効果については試行的な段階で、共通の認識や方法意識が共有されているとは言いがたい状況です。

写真や絵画は、誰もがただ見れば分かるようなものだと考えられがちですが、実際にはさまざまな約束事、いわば文法のようなものがそこにはあります。歴史をさかのぼって絵画資料を検討すれば、今とは全く異なる時間や空間の処理がなされていることが分かります。こうした絵画の約束事をどう読み取り、教えていくのかということは、多くの教科教育に課された課題ともいえようかと思います。

さらに、今日は情報技術自体の急速な変化とその一般化を背景として、絵画や写真のデータは、教育の場でのさまざまな利用が可能となっています。それは単に活用できる量だけの問題ではなく、教える際の機材やソフトウェアを含め、絵画を教育利用する新たな方法自体が次々と現れてきているということでもあります。今回の企画では、こうした幅広い領域に関わる絵画資料と教育の問題を、今日の情報環境をも視野に入れて考えていく興味深い試みとなりました。
最後となりましたが、本ブックレットの作成と、そのもととなった教育最前線講演会にご協力頂いた方々に、この場を借りて御礼申し上げます。

（早稲田大学教育総合研究所　副所長）

著者略歴（2016年３月現在）

高木　徳郎（たかぎ　とくろう）
早稲田大学教育・総合科学学術院教授　博士（文学）
略歴：東京都生まれ。早稲田大学教育学部地理歴史専修卒業、同大学大学院文学研究科博士後期課程満期退学。早稲田大学第一文学部助手、和歌山県立博物館学芸員を経て、早稲田大学教育・総合科学学術院准教授を経て、現職。主要著書として、『日本中世地域環境史の研究』（単著、校倉書房）、『熊野古道を歩く』（単著、吉川弘文館）、『中世荘園の基層』（分担執筆、岩田書院）、『水の中世―治水・環境・支配―』（分担執筆、高志書院）などがある。

松井　吉昭（まつい　よしあき）
開智国際大学リベラルアーツ学部教授
略歴：早稲田大学教育学部地理歴史専修卒業、早稲田大学大学院文学研究科博士課程前期修了。東京都立高校教諭を経て、現職。主要著作に「『松尾社境内図』について」（『日本史攷究』三六）、「中世社会における呪詛と角三本の鬼」（『日本史攷究』三八）、『絵引荘園絵図』（分担執筆、東京堂出版）、『暦の大事典』（共編、朝倉書店）、『年中行事読本』（共著、創元社）などがある。

髙橋　傑（たかはし　すぐる）
慶應義塾普通部教諭
略歴：神奈川県生まれ。早稲田大学第一文学部卒業、同大学大学院文学研究科修士課程修了後、現職。主要著作として、『東寺文書と中世の諸相』（分担執筆、思文閣出版）、『中世の荘園空間と現代』（分担執筆、勉誠出版）、「文永期の新見荘検注関連帳簿について」（『鎌倉遺文研究』二八）、「鎌倉期公文の文書管理について」（『民衆史研究』七四）などがある。

黒田　智（くろだ　さとし）
金沢大学人間社会学域学校教育学類教授　博士（文学）
略歴：埼玉県生まれ。早稲田大学第一文学部卒業、同大学大学院文学研究科博士後期課程単位取得退学。日本学術振興会特別研究員、早稲田大学高等研究所助教、准教授、金沢大学人間社会学域学校教育学類准教授を経て、現職。主要著書として、『中世肖像の文化史』（単著、ぺりかん社）、『なぜ対馬は円く描かれたのか』（単著、朝日選書）、『藤原鎌足、時空をかける』（単著、吉川弘文館）、『日本美術全集』八（分担執筆、小学館）などがある。